BEI GRIN MACHT SICH IHR WISSEN BEZAHLT

- Wir veröffentlichen Ihre Hausarbeit, Bachelor- und Masterarbeit

- Ihr eigenes eBook und Buch - weltweit in allen wichtigen Shops

- Verdienen Sie an jedem Verkauf

Jetzt bei www.GRIN.com hochladen und kostenlos publizieren

David Jugel

Wie die Babenberger Herzöge von Österreich wurden

Eine systematische Betrachtung zum Aufstieg einer Dynastie

GRIN Verlag

Bibliografische Information der Deutschen Nationalbibliothek:

Die Deutsche Bibliothek verzeichnet diese Publikation in der Deutschen National-
bibliografie; detaillierte bibliografische Daten sind im Internet über http://dnb.d-
nb.de/ abrufbar.

Dieses Werk sowie alle darin enthaltenen einzelnen Beiträge und Abbildungen
sind urheberrechtlich geschützt. Jede Verwertung, die nicht ausdrücklich vom
Urheberrechtsschutz zugelassen ist, bedarf der vorherigen Zustimmung des Verla-
ges. Das gilt insbesondere für Vervielfältigungen, Bearbeitungen, Übersetzungen,
Mikroverfilmungen, Auswertungen durch Datenbanken und für die Einspeicherung
und Verarbeitung in elektronische Systeme. Alle Rechte, auch die des auszugsweisen
Nachdrucks, der fotomechanischen Wiedergabe (einschließlich Mikrokopie) sowie
der Auswertung durch Datenbanken oder ähnliche Einrichtungen, vorbehalten.

Impressum:

Copyright © 2011 GRIN Verlag, Open Publishing GmbH
Druck und Bindung: Books on Demand GmbH, Norderstedt Germany
ISBN: 978-3-640-82236-2

Dieses Buch bei GRIN:

http://www.grin.com/de/e-book/166117/wie-die-babenberger-herzoege-von-oester-
reich-wurden

GRIN - Your knowledge has value

Der GRIN Verlag publiziert seit 1998 wissenschaftliche Arbeiten von Studenten, Hochschullehrern und anderen Akademikern als eBook und gedrucktes Buch. Die Verlagswebsite www.grin.com ist die ideale Plattform zur Veröffentlichung von Hausarbeiten, Abschlussarbeiten, wissenschaftlichen Aufsätzen, Dissertationen und Fachbüchern.

Besuchen Sie uns im Internet:

http://www.grin.com/

http://www.facebook.com/grincom

http://www.twitter.com/grin_com

Philosophische Fakultät
Institut für Geschichte

Seminar: Fürstliche Dynastien im deutschen Hochmittelalter
Sommersemester 2010

Seminararbeit zum Thema:

„Wie die Babenberger Herzöge von Österreich wurden"

- Eine systematische Betrachtung zum Aufstieg einer Dynastie-

Vorgelegt von: **David Jugel**

Studiengang: Lehramtsbezogener Bachelor-Studiengang
für Allgemeinbildende Schulen Geschichte
Gemeinschaftskunde/Rechtserziehung/Wirtschaft
4. Fachsemester
Datum: 29.09.2010

Inhalt

Einführung

Im Jahr 1156 wird an Mariä Geburt in Regensburg ein Babenberger zum Herzog von Österreich. Dies ist der bedeutende Moment, in dem Österreich zu einem eigenständigen Territorium wird. Möglich wurde dies durch den Aufstieg einer Dynastie, die stets besonders bedacht war, ihr Ansehen und ihre Macht auszuweiten – die Babenberger. Innerhalb von nur 200 Jahren schaffte es diese Dynastie ihren Besitz eines unbestimmten Gebiets in Südbayern auf das Herzogtum Bayern auszuweiten. In der vorliegenden Arbeit soll der Frage nachgegangen werden, wie dies den Babenbergern möglich wurde und warum sie sich 1156 zum ersten Mal mit einer Verkleinerung ihrer Besitztümer zufrieden gaben.

Dazu soll zunächst die Herkunft der Dynastie betrachtet sowie deren Aufstieg bis Mitte des 12. Jahrhunderts nachgezeichnet werden. Hierbei werden auch die genealogischen Verknüpfungen des Aufstieges deutlich gemacht. Anschließend beschäftigt sich die Arbeit mit dem Streit um Bayern in der ersten Hälfte des 12. Jahrhunderts, um dann eine genauere Analyse der Lösung, des *Privilegium minus*, welches die oben beschriebene Landeswerdung Österreichs besiegelte, durchzuführen. Das Ergebnis der Analyse wird es ermöglichen, das Handeln des babenbergischen Herzogs im Jahr 1156 nachzuvollziehen.

Die Argumente der vorliegenden Arbeit fußen neben einem breiten Spektrum an Fachliteratur, auch auf relevanten Urkunden und Chroniken. Besonders sind dabei die Werke von Karl Lechner „Markgrafen und Herzöge von Österreich 976 – 1246"[1], Heinrich Appelt „Privilegium minus. Das staufische Kaisertum und die Babenberger in Österreich"[2] aber auch die Primärquellen „Ottonisepiscopifrisingensischronicasivehistoria de duabuscivitatibus"[3] sowie „Ottonis et RahewinigestaFriderici I. Imperatoris"[4] des Otto von Freising, einer der bedeutendsten Geschichtsschreiber seiner Zeit und selbst Sohn eines babenbergischen Markgrafen, hervorzuheben. Weiterhin muss hier das Privilegium minus als Quelle selbst aufgeführt werden[5].

Das Thema um die Babenberger und vor allem das Privilegium minus hat die Forschung Jahrzehnte, gar Jahrhunderte beschäftigt. Dabei ging es vor allem um den Nachweis der Echt-

---

[1]Vgl. Karl Lechner, Die Babenberger. Markgrafen und Herzöge von Österreich 976 – 1246, Wien, 1985.
[2] Heinrich Appelt, Das Privilegium minus. Das staufische Kaisertum und die Babenberger in Österreich, Wien, 1976.
[3]Otto von Freising, Ottonis episcopi frisingensischronicasivehistoria de duabuscivitatibus, ed. Hofmeister, Hannover, 1912².
[4] Otto von Freising,Ottonis et Rahewini gesta Friderici I. Imperatoris, ed. Waitz, Hannover, 1912b.
[5] Wortlaut des Privilegium minus, In: Heinrich Appelt, Das Privilegium minus. Das staufische Kaisertum und die Babenberger in Österreich, Wien, 1976, 96-98

heit oder der Fälschung des Privilegium minus, wobei es hauptsächlich um die Abgrenzung des Privilegium minus vom Privilegium maius ging. Letzteres war eine gefälschte Erweiterung des Ersten durch Rudolf IV. Trotz der frühen Erkenntnis des Petrarca, der von Karl IV. den Auftrag erhalten hatte, die Echtheit des Maius zu überprüfen, dass es dieses eine Fälschung sei, hielt sich der Glaube an ein echtes Dokument bis Anfang des 19. Jahrhunderts. Erst Wilhelm Wattenbach wies erstmalshistorisch fundiert im Jahr 1852 die Echtheit des Privilegium minus in seiner Abtrennung zum Privilegium maius nach[6]. Es folgten zahlreiche Abhandlungen über eine mögliche Interpolation des Privilegium minus, u.a. von Ottokar Lorenz, Julius von Ficker, Wilhelm Erben,Harold Steinacker oder dem Rechtshistoriker Heinrich Brunner. Schließlich widerlegte Konrad Josef Heilig die Interpolationsthese im Jahre 1944 endgültig[7]. Sodann entstand 1955 das Urkundenbuch zur Geschichte der Babenberger unter Mitwirken von Heinrich Fichtenau und Erich Zöllner. Aus dieser Arbeit ging dann 1958 auch Fichtenaus Werk „Von der Mark zum Herzogtum. Grundlagen und Sinn des Privilegium Minus für Österreich"[8] hervor, auf welches auch in der vorliegenden Arbeit aufgebaut wird. Zum 1000-jährigen Jubiläum des Privilegium minus erschien dann auch die oben genannten Werke Karl Lechners und Heinrich Appelts sowie einer Abhandlung zur Ausstellung über die Babenberger[9], an der Erich Zöllner maßgeblich mitwirkte. All diese Werke untermauern noch einmal die Echtheit des Privilegium minus und erweitern die Argumente Heiligs in formalen, also auch diplomatischen Sinne.

In ihrer Gesamtheit fordert die vorliegende Arbeit im qualitativen und quantitativen Rahmen der Vorgaben nicht, über das bisher erforschte hinauszugehen, ferner erhebt sie jedoch den Anspruch auf Eigenständigkeit ihrer Argumentationsstruktur und den daraus gezogenen Schlussfolgerungen.

---

[6] Vgl. Appelt 1976, 11f.
[7] Vgl. ebd., 15
[8] Vgl. Heinrich Fichtenau. Von der Mark zum Herzogtum. Grundlagen und Sinn des Privilegium Minus für Österreich, Oldenburg, 1958
[9] Dr. Johannes Gründler, 1000 Jahre Babenberger in Österreich. Niederösterreichische Jubiläumsausstellung im Stift Lilienfeld Mai bis Oktober 1976, Wien

4

Der Aufstieg der Babenberger

2.1. Herkunft und Macherhalt bis Mitte des 12. Jahrhunderts

Bereits im 12. Jahrhundert leitet Otto von Freising[10] die Abstammung der österreichischen Markgrafen ab. Er ist ferner derjenige, welcher der Dynastie den Namen der Babenberger verlieh, wobei sich ihre Angehörigen nie selbst mit diesem dynastischen Titel geschmückt haben[11]. Folgt man Freising, so leitet sich der Name von jenem Geschlecht ab, das seinen Hauptsitz auf dem Domberg zu Bamberg[12] hatte. Er schließt dabei auf eine Verwandtschaft des im 11. Jahrhundert lebenden und seiner väterlichen Linie entstammenden Markgrafen Adalbert (1018-1055) mit dem 906 hingerichteten fränkischen Popponen-Grafen[13] Adalbert[14].

Geschichtsschreiber der Moderne ziehen jedoch nicht Adalbert als Ahnenherr der Babenberger heran, sondern den *MarchioLiutpoldus*[15], welcher vom römisch-deutschen Kaiser Otto II. 976 die *marchiaOsterriche*[16] erhielt, nachdem diese dem Markgrafen Burchard verlustig erklärt wurde, weil derselbige sich 974 gemeinsam mit Heinrich dem Zänker, Herzog von Bayern, gegen den Kaiser erhoben und diesem unterlegen hatte[17]. Dies widerspricht Freisings Darstellung zumindest teilweise. Die Namen Adalbert, Poppo und Heinrich tauchen zwar häufig im Geschlecht der Popponen sowie der Babenberger auf, der Name Luitpold[18], zweifelsfrei der populärste Name der Babenberger, findet sich jedoch nicht in den Ahnenreihen der Popponen wieder[19]. Karl Lechner schließt daher eine direkte Herleitung der österreichi-

---

[10] Otto von Freising war der fünfte Sohn Leopold III (der Heilige). Er gehörte demnach selbst zum Geschlecht der Babenberger. Er wurde vermutlich 1112 geboren, wurde 1122 Propst von Klosterberg, 1133 Abt von Morimund, 1138 Bischof von Freising und starb 1158. (vgl. Erich Zöllner, Die Dynastie der Babenberger, In Dr. Johannes Gründler (Hg.),1000 Jahre Babenberger in Österreich. Niederösterreichische Jubiläumsausstellung im Stift Lilienfeld Mai bis Oktober 1976, S. 9-25, hier 24; vgl. Anhang)

[11] Vgl. Lechner1985, 40.

[12] Bei Freising heißt es hier „in castrobabenberg" (Freising, 1912a, VI, 15, 274,.27)

[13] Die Popponen, sind nach dem Stammvater Poppo benannt und werden auch als die alten Babenberger bezeichnet. Freising beschreibt den älteren Adalbert lediglich als „nobilissimusFrancorumcomes" (Freising 1912a, VI, 15, 274, 24)

[14] Vgl. Freising 1912a, VI, 15, 274f

[15] Lechner 1985, 39.

[16] Oft auch fälschlicherweise als Ostmark bezeichnet. HeinrichFichtenau leitet dies aus der falschen Übersetzung der gesprochenen Form der *MachrchiaOrientalis*, Mark Österreich, ab (Fichtenau 1958, 12). Die Reichskanzlei führt die Markgrafschaft im 11. Jahrhundert aber als „marchiaOsterriche" auf (MonumentaGermaniaeHistorica, SS IV, 41, 574ff)

[17] Vgl. Zöllner 1976, 9.

[18] Liutopld auch teillatinisiert als Leopold aufgeführt (vgl. Zöllner 1976, 10). In dieser Arbeit wird die latinisierte Form v.a. für Leupold III. verwendet, welche für Österreich bis in die Gegenwart unter diesem Namen von hoher Bedeutung ist (siehe dazu Kapitel 3)

[19] Vgl. Ebd., 10.

schen Markgrafen von den ostfränkischen Babenbergern im Mannesstamm aus[20]. Gleichsam hält er eine Verschwägerung nicht für unwahrscheinlich. Dies würde auch die Wiederkehr der Namen erklären, insbesondere tauchen diese bei den Söhnen Luitbolds I. auf, z.b. Heinrich, Poppo, oder Adalbert. Verfolgt man die Argumentation der Namensgebung, so stößt man auf die Nähe zu den Luitpoldingern oder Arnulfingern, bei denen sich nicht nur der Name Luitipold, sondern auch der bei den Babenbergern wiederauftauchende Name Berthold, sowie die Frauennamen Judith und Kunigunde finden lassen[21]. Johannes Aventinus, Historiker und Hofhistoriograph im 15. Jahrhundert, vermutete in seinen Annalen der bayrischen Herzoge als erster eine Verbindung der Babenberger mit den Luitpoldingern, indem er als Vater Luitpolds I. den Herzog Eberhard, als Großvater Herzog Anrulf und als Urgroßvater den 907 erschlagenen Markgrafen Luitpold aufführte[22]. Dies kann zwar nicht in der Form nachgewiesen werden, aber auch Erich Zöllner spricht sich für eine Familienverbindung zwischen Luitpoldingern und Popponen als Ahnen der Babenberger aus[23]. Die genaue Genealogie ist jedoch unbekannt.

Luitpold I. erlag wahrscheinlich 994 einem Mordanschlag in Würzburg und es folgte sein Sohn Heinrich I., einer seiner Brüder, Ernst, wurde kurzzeitig Herzog von Schwaben. Die schwäbische Nebenlinie der Babenberger erlosch jedoch bereits 1038 mit dem Tod seines zweiten Sohns Hermann[24]. In den Folgegenerationen konnten die Babenberger ihren Einflussbereich weiter ausbauen, auch wenn es für die schwäbische Nebenlinie Rückschläge gab, als sich Ernst, der Enkel des Luitpold I. gegen den Kaiser Konrad II. erhob und erlag. So konnte die österreichische Linie unter Ernst (1055-1075), Sohn des Adalberts, ihren Machtbereich über die Mark Österreich hinaus auf die Neumark und Böhmische Mark ausweiten. Luitpold II. (1075-1095), der Sohn Ernsts, konnte die Besitztümer nicht ausweiten. Im Investiturstreit[25]unterlag der auf päpstlicher Seite kämpfende Luitpold II. 1082 dem kaisertreuen Herzog Wratislav von Böhmen und musste sich dem Kaiser unterwerfen konnte aber gleichsam den Besitz der Mark Österreich behaupten[26].

---

[20] Vgl. Lechner 1985, 42.

[21] Vgl. Zöllner 1976, 10.

[22]Vgl. Johannes Aventinus, Anales ducumboiariae, V, 2, 19ff , ed. Riezler, Bd III, München, 1882.

[23] Vgl. Zöllner 1976, 10.

[24] Vgl. Lechner 1985, 54.

[25] *„Der Investiturstreit bezeichnet jenen epochale Bedeutung erlangenden Konflikt zw. Kgtm. und Papsttum, welcher die Zeitspanne vom Tode Heinrichs III. (1056) bis zum Ausgang der Regierung Heinrichs V. (1125) beherrschte. Die Auseinandersetzungen entzündeten sich an der Frage nach den Modalitäten der Einsetzung von Bf.en und Reichsäbten (→Investitur), führten tatsächl. jedoch weit darüber hinaus."* (Tilman Struve, Investiturstreit, -problem, In, Lexikon des Mittelalters, Band 5, München 1999, Sp. 479-483)

[26] Vgl. Zöllner 1976, 12f

Als sein Sohn Leopold III. die Mark Österreich 1095 übernahm, schien dieser aus dem Schicksaal des Vaters gelernt zu haben und versuchte „*nicht anvorderster Front mitzukämpfen und flexibel, manchmal auch opportunistisch zu sein*"[27].Deutlich wurde dies auch in der Auseinandersetzung Kaiser Heinrichs IV. mit seinem Sohn Heinrich V.Ersterem konnten seine Erfolge im Reich wohl keine Befriedigung bringen, sodass er sich in immer neue Konflikte stürzte– am Ende sogar gegen seinen eigenen Sohn Heinrich V.[28], mit dem er sich im Jahr 1105 zur Schlacht gegenüber stand. Otto von Freising beschreibt die Situation folgendermaßen: „*Igiturregnimiserabiliter in se ipso diviso, ex omnibuseiusviribuscoadunatomilite, ferroflammquecrudelitervastataterra in ripaRegnifluminisuterque, scilicet pater et filius, cosedit.*"[29] Vater und Sohn standen sich also am Fluss Regen gegenüber, nachdem die Truppen das Land mit Feuer und Schwert verwüstet hatten. Markgraf Leopold III.von Österreich und Herzog Boriwoi von Böhmen gehörten dabei zum Gefolge Heinrichs IV. Dies suchte Heinrich V. zuändern; hierzu schreibt Freising weiter: „*Heinricusiunioromnesvirespatres in duceboemiaeBoroeacmarchioneLeopaldo, cuissororemprefactusduxhabuit, foreconsiderans, ipsosmultismodis, promissasororesua, quetuncnuper a FridericoSuevorumduceviduatafuerat, in uxoremmarchioni, inductus, ambobus, utpatremrelinquerent, persuasit.*"[30]. Leopold III. wurde also durch Heinrich V. mit dem Versprechen, ihm mit seiner SchwesterAgnes von Waiblingen, die Witwe des kurz zuvor verstorbenen Herzogs Friedrichs von Schwaben, zu vermählen, überredet die Lager zu wechseln. Er verweigerte daraufhin dem Kaiser die Gefolgschaft, was ihm der Herzog von Böhmen gleich tat. Heinrich IV. floh daraufhin und wurde letztlich durch seinen Sohn und den versammelten Fürsten gefangen genommen und abgesetzt[31].

Dieses Versprechen und seine Einlösung ist für die Babenberger von hoher dynastischer Bedeutsamkeit, da diese sich damit in einem Schritt mit zwei Kaiserfamilien verschwägerten, einerseits mit den Saliern durch Heinrich V. und andererseits mit den Staufern durch Friedrich von Schwaben, dessen erste Frau Agnes war. Dies hob nicht nur das Ansehen der Babenberger, sondern muss auch finanzielle Mittel mitgebracht haben. So zeigte sich Leopold III. nach der Vermählung mit Agnes gegenüber der Kirche sehr freigiebig, was auf eine beträchtliche Mitgift Agnes' hinweist[32]. Aus der Ehe zwischen Leupold III. und Agnes gingen

---

[27] Walter Pohl/Vacha, Brigitte Vacha, *Die Welt der Babenberger*, Wien, 1995, 130.
[28]Vgl. ebd..
[29]Freising 1912a, VII, 9, 319, 21ff
[30]Freising 1912a, VII, 9, 321, 9ff
[31]Vgl. Pohl/Vacha 1995, 132.
[32] Vgl. Zöllner 1976, 13.

zahlreiche Nachkommen hervor, dessen genaue Anzahl letztlich nicht bekannt ist[33]. Wichtigste Vertreter sind der spätere bayrische Herzog und österreichische Markgraf Leopold VI., seine jüngeren Brüder Heinrich II.„Jasomirgott"[34], der Leopold als Herzog von Bayernsowie als Markgraf von Österreich folgte und der Geschichtsschreiber Otto von Freising[35].

1122 nimmt Leopold III. am Wormser Reichstag teil, auf welchemder Investiturstreit zwischen Kirche und Kaisertum beigelegt wurde. Nur drei Jahre später stirbt Kaiser Heinrich V., womit die Salier im Mannesstamm erlöschen. Leopold III. galt neben dem Herzog Friedrich von Schwaben, welcher Neffe des verstorbenen Kaisers und Stiefsohn Leipolds war, und dem Herzog Lothar von Sachsen aus dem Hause Stupplingburg[36], als Nachfolgekandidat in Mainz[37], wo die Wahl stattfand.In der Normierung Leopolds zeigt sich, wie sehr die Babenberger innerhalb nur einer Generation aufgestiegen waren. Letztlich lehnte Leopold III. aber die Kandidatur ab. Als Gründe führte er sein hohes Alter und die Vielzahl seiner Söhne, die wohl nach seinem Tod in Streitigkeiten verfallen würden an[38]. Schließlich wurde Lothar zum deutschen König gewählt, womit jener sich unweigerlich mit Herzog Friedrich von Schwaben und dessen Bruder Konrad, dem späteren Kaiser Konrad III.,in Gegensatz brachte. DieserGegensatz berührte gleichsam den Stiefvater der beiden, Leopold III. und sollte grundlegend für das weitere Schicksaal der Babenberger werden.

---

[33] In den klosterneuburger*chroniconpiimarchionis*ist von 11 Kindern aus erster Ehe und 18 Nachkommen aus der Verbindung mit Leopold die Rede. Vermutlich wurden aber bei der Anzahl der Kinder der zweiten Ehe einige der ersten hinzugezählt (vgl.Pohl/Vacha 1995, 132).

[34]Mittelhochdeutsch für *joch samergot*, was so viel heißt, wie „für wahr, wie mir Gott helfe" (vgl. Heinrich Tischner, Personennamen, Jasomirgott, In: http://www.heinrich-tischner.de/22-sp/8namen/3pers/personen/jasomigo.htm, 04.09.2010) Der Name geht daraus hervor, dass der Herzog diesen Spruch häufig nutzte (vgl. Fritz Eheim, Zur Geschichte der Beinamen der Babenberger, In: Unserer Heimat. Montasblatt, 26, Wien,1955, S. 153 – 160, hier 157).

[35] Vgl. Pohl/Vacha 1995, 132.

[36] Freising führt hier noch Graf Karl von Flandern als vorgeschlagenen Kandidat an (vgl. Freising 1912a, VII, 17, 333, 13), welcher jedoch eine Kandidatur ablehnte.

[37] Vgl. Lechner 1985, 136.

[38] Vgl. Zöllner 1976, 14

2.2. Die Nachfolge Leopolds III. und der Streit um Bayern

Leopold III. zog sich nach der abgelehnten Kandidatur weitestgehend zurück[39]. Dies mag daran gelegen haben, dass gewissermaßen zwischen zwei gegensätzlichen Parteiungen hing und sich in keinen Konflikt hineinziehen lassen wollte.zum einen wollte er sich nicht zu stark für seine beiden staufischen Stiefsöhne, Friedrich und Konrad, die sich gegen den neuen König auflehnten und daher von Papst Honorius exkommuniziert wurden, einsetzen[40]. Zum anderen hatte Leopold demneuem König bereits drei Monate nach seiner Wahl die Zustimmung zu dessen Besitzbestätigung für das Kloster St. Florian gegeben[41], was als Zeichen der Unterstützung für den neuen König betrachtet werden kann.

Ende 1136 stirbt Leopold III. wahrscheinlich bei einem Jagdunfall[42]und hinterlässt eine machtvolle Lücke im Reich. Nachfolger wird Leopold IV., welcher der zweitgeborene Sohn aus der Ehe zwischen Leopold III. und Agnes ist. Damit wird nicht nur der erstgeborene Heinrich übergangen, sondern auch Adalbert, der älteste Sohn Leopolds III. aus dessen erster Ehe. Dass Adalbert nicht Markgraf wurde, lässt sich zwar dynastisch erklären, denn er war weder mit Staufern noch Saliern verschwägert. Gleichsam muss der tatsächliche Entschluss aber erst nach dem Tod Leopolds III. gefallen sein. Adalbert war seit 1132 in zweiter Ehe mit Sophie, der Schwester König Béla II. von Ungarn verheiratet[43]. Dies weist darauf hin, dass Adalbert zu diesem Zeitpunkt definitiv Aussichten auf die Nachfolge hatte, anderenfalls hätte das ungarische Königshaus dieser Verbindung kaum zugestimmt.Es ist daher wahrscheinlich auf das Betreiben der Witwe Agnes zurückzuführen, dass einer ihrer Söhne Leopold III. nachfolgte[44].

Weit schwieriger lässt sich nachvollziehen, dass Leopold als Zweitgeborener seinem Vater nachfolgt und Heinrich übergangen wurde. Lediglich in der schon oben zitierten klosterneuburgerChroniconpiimarchionis, findet sich der wenig erklärende Passus „a patre minus diligebatur"[45]. Weniger geliebt zu werden, kann als Begründungeiner dynastischen Entscheidungen mit solcher Auswirkung jedoch nur als unbefriedigendes Motiv wahrgenommen werden.

---

[39] Vgl. Lechner 1985, 137.
[40]Vgl. Freising 1912a, VII, 17, 333, 22ff.
[41] Vgl. Lechner 1985, 137.
[42] Diese Vermutung wird vor allem durch die Formulierung genährt, die sich in den Annalen des St. Petersklosters in Erfurt finden: „Lupoldusmarchio in venationeocciditur" (BUB IV/1, Urkundenbuch zur Geschichte der Babenberger in Österreich, ed. Dienst; Fichtenau, Band IV/1, Ergänzende Quellen, Oldenburg, 1968, Nr. 698).
[43]Vgl Freising 1912a, VII, 21, 342, 1.
[44] Vgl. Erich Zöllner, Das Privilegium minus und seine Nachfolgebestimmungen in genealogischer Sicht, MIÖG 86, 1978, S.1-26, hier 3.
[45] Vgl. MGH, SS IX, 610, 17.

9

Aber eine andere Erklärung liefert auch die Sekundärliteratur nicht. Bemerkenswert ist allerdings, dass sich sowohl der Papst als auch der König für Leopold IV. als Nachfolger einsetzten[46].

Bevor nun der Streit um Bayern nachgezeichnet wird, muss noch kurz auf die Bedeutung Leopold III. eingegangen werden. Unter ihm vollzieht sich nicht nur ein Auf- und Anschluss an führende Reichsterritorien, sondern entwickelt sich auch ein Bewusstsein von der Eigenständigkeit Österreichs. Bereits ab zweiten Hälfte des 12. Jahrhunderts beginnt man mit der Verehrung Leopold III., es finden sich viele Sagen und Wundergeschichten um seine Person in den Chroniken der folgenden Jahrhunderte und 1663 wird er sogar zum Patron von Österreich erklärt[47].

Am 3. Dezember 1137 stirbt Lothar III auf der Rückreise seines Italienfeldzuges und übergibt seinem welfischen Schwiegersohn Heinrich dem Stolzen, seinerzeit Herzog von Bayern, die Reichsinsignien und überträgt ihm ebenfalls das Herzogtum Sachsen[48]. Ungeachtet dessen wählen die Fürsten am 7. März 1138 Konrad, den Sohn Agnes' aus erster Ehe mit dem Staufer Friedrich I., der sich mit seinem Bruder im Gegensatz mit Lothar III. befand, zum deutschen König[49].

Heinrich der Stolze, nun Herzog von Bayern und Sachsen sowie Markgraf von Tuszien, verfügte über eine „*überragende Machtposition, die der Staufer zerschlagen mußte, wollte er seine Herrschaft in Deutschland tatsächlich durchsetzen*"[50]. Konrad III. ließ demgemäß Heinrich dem Stolzen, nachdem dieser ihm die Huldigung verweigerte, das Herzogtum Bayern als auch das Herzogtum Sachsen aberkennen. Das Herzogtum Sachsen ging an den Askanier und Markgrafen der Nordmark Albrecht den Bären und das Herzogtum Bayern erhielt 1139 sein Halbruder der Babenberger Markgraf Leopold IV[51]. Hier wird deutlich, wie sehr Konrad III. seine Macht zu sichern ersuchte. Zum einen entmachtet er seinen direkten Kontrahenten, zum anderen übergibt er dessen Territorium keinen ebenbürtigen Herzogen, sondern an ihm wohl gesonnene Markgrafen, die er durch diese Gunst und die Rangerhöhung an sich bindet. Gleichsam begibt er sich damit in eine allmächtige Position, die sicher in anderen Adels- und Fürstenhäusern Unbehagen ausgelöst haben muss.

---

[46] Vgl. Lechner 1985, 138.
[47] Vgl. ebd., 140.
[48] Vgl. Alfred Haverkamp, Aufbruch und Gestaltung. Deutschland 1056 – 1273, München, 1993, 150
[49] Vgl. Pohl/Vacha 1995, 144.
[50] Heinrich Appelt, Das Privilegium minus. Das staufische Kaisertum und die Babenberger in Österreich, Wien, 1976, 32
[51] Vgl. Pohl/Vacha 1995, 145. Der ältere Bruder Leopolds, Heinrich II. Jasomirgottl, erhielt die Pfalzgrafschaft bei Rhein (vgl. Zöllner 1978, 5).

Diese Entmachtung Heinrichs des Stolzen musste langfristig zum Konflikt führen. Ein solcher wurde vorerst durch den Tod des ehemaligen Herzogs von Bayern und Sachsen im Jahre 1139 entschärft. Infolgedessen konnte sich Leopold IV. im Gegensatz zu Albrecht denBären[52]in Bayern durchsetzen. Dies stellte sich dies jedoch zunächst schwierig dar, da sich Leopold vorerst nicht gegen Welf VI., Bruder Heinrich IV., behauptenmusste, sodass sich auch die Bürger von Regensburg, damals Herzogsresidenz, gegen ihn erhoben[53]. Nur durch Verwüstung der Stadt und des Umlandes gelingt es Leopold IV., die Bürger und dann auch den Welfen zurückzudrängen. Seines Erfolgs kann sich Leopold IV. nicht lange erfreuen. Er stirbt am 18. Oktober 1141. Woraufhin ihm sein älterer Bruder Heinrich II. „Jasomirgott"als Markgraf von Österreich nachfolgte, welcher daraufhin auf die Pfalzgrafschaft verzichtete. Das Herzogtum Bayern übernahm zunächst König Konrad III. selbst[54].

König Konrad III. hatte inzwischen das Konfliktpotential seines Vorgehens gegenüber der Welfen erkannt und versuchte dies nun durch Heiratspolitik zu entschärfen[55]. 1142 kam es daher zur Vermählung zwischen Gertrud, der Witwe Heinrich des Stolzen, und Tochter Lothar III., mit Heinrich II. Jasomirgott[56]. Gertrud war auch Mutter Heinrich des Löwen, Sohn Heinrichs des Stolzen, welcher im gleichen Jahr durch den *Frieden von Frankfurt*mit Sachsen belehnt wurde. Offensichtlich hielt man diese Wiedergutmachung und die Ehe zwischen Gertrud und Jasomirgott für eine stabile Versöhnungsgrundlage, sodass Jasomirgott 1143 mit dem Herzogtum Bayern belehnt wurde[57]. Gleichsam wertete wiederum dieVermählung eines Babenbergers mit einer Kaisertochter das Ansehen der Dynastie erneut auf.

Doch mit dem frühen Tod Gertruds bei der Geburt einer Tochter Jasomirgotts am 18. April1143 brach die Grundlage der Versöhnung weg und die Welfen erhoben erneut Ansprüche auf Bayern. Der Konflikt ging so bis 1147 weiter, auf der einen Seite der Babenberger, unterstützt durch den deutsche König und auf der anderen Seite Heinrich der Löwe undWelf VI., der es verstand, Ungarn, den Markgrafen der Steiermark und sogar König Roger von Sizilien gegen den Babenberger zu gewinnen[58].Der Konflikt wurde dann 1147 durchden unglücklich

---

[52] Bereits Ende 1138 schlossen sich sächsische Fürsten zusammen gegen Albrecht den Bären und konnten ihn bis 1139 nahezu verdrängen. Er blieb offiziell bis 1142 Herzog von Sachsen. Danach wurde der Sohn Heinrich des Stolzen, Heinrich der Löwe, mit dem Herzogtum belehnt. (vgl. Wolfram Ziegler, König Konrad III. 1138-1152, Wien; Köln; Weimar, 2008,368ff)
[53] Vgl. Pohl/Vacha 1995, 145.
[54] Vgl. Lechner 1985, 147.
[55] Vgl. Zöllner 1978, 5.
[56] Vgl. Freising 1912a, VII, 26, 351, 14ff.
[57] Vgl. Lechener 1985, 147.
[58] Vgl. Zöllner 1976, 16.

verlaufenden zweiten Kreuzzug[59] unterbrochen, an dem König, Welfen und Babenberger gemeinsam teilnahmen. Für Heinrich Jasomirgott war der Kreuzzug zwar eine große Gefahr, da er zu diesem Zeitpunkt keine männlichen Nachkommen hatte. Andererseits war es für ihn auch ein Erfolg, da als Bekräftigung des Bündnisses zwischen dem Reich und Byzanz Jasomirgott mit der byzantinischen Prinzessin Theodora verheiratet wurde.

Welf VI. hatte zugleich auf der Rückreise aus dem Heiligen Land mit König Roger von Sizilien das antistaufische Bündnis erneuert. Letztlich half das dem Welfen wenig. Konrad III. konnte Welf VI. letztlich 1150 zum Frieden zwingen, als nur kurz danach der nun volljährige Heinrich der Löwe erneut Ansprüche auf Bayern geltend machte. Der Konflikt konnte letztlich nicht mehr durch Konrad III. gelöst werden.Der Staufer starb am 15. Februar 1152[60].

Das Privilegium minus

3.1. Die Einigung und der Verzicht auf das Herzogtum Bayern

Am 4. März 1152 wird Friedrich, Herzog von Schwaben und Neffe Konrad III., zum deutschen König gewählt. Konrad III. hatte diesenselbst vorgeschlagen, da sein eigener Sohn, Heinrich, bereits verstorben und der Zweitgeborene noch minderjährig war[61]. Die Wahl Friedrichs I., der später den Beinahmen Barbarossa erhielt,brachte einen weiteren Vorteil mit sich:er war Sohn des Staufers Friedrich II. von Schwaben und Judith, Tochter Heinrich des Schwarzen, Bruder Heinrich des Stolzen und damit Tante Heinrich des Löwen, folglich mit Staufern und Welfen verwandt. Die Wahl war daher wohl mit der Hoffnung der Aussöhnung und einem Ende der Konflikte, die das Reich zerrütteten, verbunden[62].

Heinrich II. Jasomirgott aber zählte nicht zu den Wählern des neuen Königs, schon allein deshalb nicht, weil er dem Wahltag in Frankfurt 1152 fern blieb. Anwesend jedoch war Heinrich der Löwe, welcher wahrscheinlich Friedrich Barbarossa wählte. Dies vermutet zumindest Heinrich Appelt:„*Vieles deutet darauf hin, daß der neue König vor seiner Wahl mehreren*

---

[59] Nachdem im Dezember 1144 Edessa gefallen war, rief der Papst zu einem erneuten Kreuzzug auf. Der tatsächliche Entschluss zum Kreuzzug fiel schließlich auf einem Reichstag in Frankfurt 1147 und man beschloss den allgemeinen Reichsfrieden. Auf dem Reichstag erschien auch Heinrich der Löwe – Herzog von Sachsen – und forderte kraft des Erbrechts das Herzogtum Bayern. Konrad III. vertagte die Entscheidung auf nach die Rückkehr den Kreuzzuges (vgl. Appelt 1976, 32f). Der Zug um Konrad III. musste sich dann letztlich gegen den seldschukischen Sultan von Ikonien geschlagen geben und dem französischen Heer anschließen. Schließlich scheiterte der Kreuzzug in Jerusalem gänzlich (vgl. Pohl/Vacha 1985, 147ff).
[60] Vgl. Pohl/Vacha 1995, 152f.
[61] Vgl. Lechner 1985, 151.
[62] Vgl. Appelt 1976, 33.

weltlichen Fürsten bedeutende Zusicherungen machte, um ihre Zustimmung zu gewinnen; Heinrich dem Löwen wird er wohl das Herzogtum Bayern in Aussicht gestellt haben."[63]

Sollte dies der Fall gewesen sein, war Friedrich Barbarossa nun gewissermaßen in Zugzwang und zugleich in einem Dilemma. Zum einen musste er die Hoffnung auf Aussöhnung erfüllen, andererseits musste er sein Versprechen gegenüber Heinrich dem Löwen einhalten. Eine Entscheidung der Auseinandersetzung durch Waffengewalt widersprach dabei schon ersterem Ziel und hatte, wie oben aufgezeigt wurde, bisher zu keiner tragbaren Lösung geführt. Es musste also ein Kompromiss gefunden werden, der die Interessen beider Parteien berücksichtigte.

Dieser rückte aber schon allein dadurch in die Ferne, da Heinrich II. Jasomirgott den Hoftagen Barbarossas fernblieb; so 1152 in Würzburg, 1153 in Worms, Regensburg, Speyer und 1154 in Goslar[64]. Es war häufig so, dass die Majorität der anwesenden Fürsten jene stellten, dessen Territorien in der Nähe des Hoftages lagen. Daher erschien auch der österreichische Markgraf nur sehr selten, wenn der Hoftag außerhalb Bayerns abgehalten wurde[65]. Nun könnte man die These aufstellen, dass durch Auswahl entfernter Orte der Babenberger mit Vorsatz von den Hoftagen fern gehalten wurde. Folglich hätte sich Barbarossa absichtlich in eine gegensätzliche Position zum Babenberger gebracht. Dies kann jedoch nicht nachwiesen werden.das Verhältnis zwischen dem Babenberger und dem König wurde auch durch die entstehende Spannung zwischen dem byzantinischen und dem römischen Kaisertum belastet, wenngleich die Stellung des Babenbergers mit seiner byzantinischen Frau Theodora als wichtige Verbindung zum Hofe des KaisersManuels I. dadurch an Bedeutung gewann[66]. Der Kaiser konnte Jasomirgott also bis 1154 nicht in eine Verhandlungsposition drängen, die einen friedlichen Kompromiss herbei geführt hätte, der Heinrich dem Löwen das Herzogtum Bayern zugesprochen hätte.

Daher übertrug Friedrich Barbarossa auf dem Hoftag in Goslar 1154 das Herzogtum Bayern schließlich ohne Kompromiss an Heinrich den Löwen, der dies wohl zur Bedingung gemacht hatte, um sich dem König auf seinem Italienfeldzug anzuschließen[67]. Letzterer übernahm ein Jahr später nach der Rückkehr von Barbarossas Kaiserkrönung und dem Italienfeld-

---

[63] Appelt 1976, 33
[64] Vgl. Lechner 1985, 151.
[65] Vgl. Fichtenau 1958, 31.
[66] Lechner 1985, 151.
[67] Der König befand sich also in Zugzwang. Bei Freising heißt es: „imminente*etiamsibiexpeditionislabore, in qua eundeminvenemmilitemsociumqueviaehaberedebuit, finemnegotioimponerecogebatur"* (Freising 1912b, II,11,112,19)

13

zug die Regentschaft über das Herzogtum Bayern in Regensburg[68], während Jasomirgott sich dem weiter widersetzte[69]. Dies tat er mit Recht, denn einerseits warkeineInvestitur[70] Heinrich des Löwen durch den König in Bayern erfolgt, anderseitshätte eine Hinnahme des Fürstenspruch eine Degradierung für den Babenberger bedeutet. Nicht nur, dass er das Herzogtum verloren hätte, es hätte ihn auch direkt in Abhängigkeit zu seinem Stiefsohn Heinrich dem Löwen gebracht[71]. Folglich führte Jasomirgott weiterhin den Titel *„Herzog von Bayern und Markgraf von Österreich"*[72].

Der Kaiser musste nun selber eingreifen, sodass es am 5. Juni 1156 in der Nähe von Regensburg zu einer geheimen Unterhaltung zwischen dem Kaiser Friedrich Barbarossa und Heinrich Jasomirgott kam. Hier muss der Kaiser den Herzog und Markgrafen wohl umgestimmt haben, als auch mit ihm die Regelungen des Privilegium minus ausgehandelt haben[73].

Auf dem Hoftag 1156 in Regensburgam Mariä Geburt, dem 8. September, wurde dann feierlich der Ausgleich zwischen dem Welfen und dem Babenberger vorgenommen. Heinrich II. Jasomirgott übergab Kaiser Friedrich Barbarossa das Herzogtum Bayern, mit welchen Heinrich den Löwen dann durch den Kaiser belehnt wurde;Heinrich der Löwe verzichtete zugleich auf die Mark Österreich. Der Kaiser wandelte die Mark in ein Herzogtum und belehnte es an Jasomirgott und seine Frau Theodora. Dies wurde letztlich durch einen Rechtsspruch der Fürsten besiegelt[74].

Otto von Freising beschreibt, dass Jasomirgott bei der Übergabe als symbolischen Akt dem Kaiser sieben Fahnen überreichte,*„HeinricusmaiornatuducatumBaioariaeseptem per vexillaimperatoriresignavit"*[75]. Die Fahnen symbolisierten das Herzogtum Bayern.Weltliche Fürstentümer galten damals als Fahnenlehen[76]. Fahnen bedeuteten militärische Befehlsgewalt und sie standen für die Friedensbewahrung gegen äußere Feinde; gleichsam sind diese untrennbar mit der Hoch- und Blutsgerichtsbarkeit verbunden[77]. Die Anzahl der Fahnen steht dabei für Teilgebiete bzw. die einzelnen Lehen aus den das Herzogtum bestand[78]. Mit Übergabe der Fahnen legte Heinrich Jasomirgott demnach seine Lehen zurück in die Hände des Kaisers, der

---

[68] Auf dem Hoftag in Regensburg 1155 leisten zahlreiche Adelsfamilien Bayerns den Treueeid gegenüber Heinrich dem Löwen. Die Stadt Regensburg stellte sogar Geiseln (vgl. Freising 1912b, II, 43, 151, 31ff)
[69] Vgl. ebd..
[70] Diese fand tatsächlich erst im September 1156 in Regensburg statt (vgl. Fichtenau 1958, 36)
[71] Heinrich der Löwe hätte als Herzog von Bayern Heinrich II. Jasomirgott jederzeit an seinen Hof laden können und Rechenschaft für alles, was er gegen den Welfen getan hatte, verlangen können (vgl. Fichtenau 1958, 32)
[72] Vgl. 1985, 152.
[73] Vgl. Freising 1912b, II. 47, 155, 1ff.
[74] Vgl. Lechner 1985, 153.
[75] Freising 1912, II, 54, 160, 24f.
[76] Geistliche Fürstentümer werden durch das Zepter aus der Hand des Königs symbolisiert (vgl. Appelt 1976, 43)
[77] Vgl. Appelt 1976, 43.
[78] Vgl. ebd..

ihn mit diesen belehnt hatte. Der Kaiser übergab die Fahnen an Heinrich den Löwen, welcher wiederum zwei Fahnen an Heinrich Jasomirgott zurück gab[79]. Somit war der oben beschriebene Vorgang auch als symbolischer Akt vor den versammelten Größen Bayerns, unter denen sich auch der Geschichtsschreiber und Bruder Jasomirgott Otto von Freising befand, vollzogen wurden[80].

3.2. Inhalte und Auslegung des Privilegium minus

Doch was hatte Heinrich II. Jasomirgott dazu bewogen, auf das Herzogtum zu verzichten?

Fest steht, dass die Babenberger sich nie wirklich als Herzoge von Bayern durchsetzten konnten, wobei offen bleibt welche Rolle die ständigen antagonistischen externen Kräfte, zunächst Welf VI., dann Heinrich der Löwe, auf das innere Durchsetzungsvermögen der Babenberger hatte. Die fehlende Durchsetzungsmacht kann jedoch keinesfalls als alleinigerGrund für einenVerzicht herangezogen werden, auch wenn dieser Umstand es dem Babenberger sicher einfacher gemacht hat.

Es muss also andere Motive für Heinrich Jasomirgott gegeben haben, sich auf das Privilegium minus einzulassen. Die Antwort auf die oben angeführte Frage kann demnach nur inhaltlicher Natur sein. Um dies nachzuvollziehen, muss zuvor noch einmal auf Heinrich Jasomirgotts Lage eingegangen werden.

Wie oben beschrieben war Jasomirgotts erste Gemahlin Gertrud bereits im Frühjahr 1143 verstorben. Aus dieser Ehe war eine Tochter hervorgegangen, bei deren Geburt Gertud dann auch verstarb[81]. Als er 1148 in Konstantinopel seine zweite Ehe mit Theodora einging, war diese etwa 13 Jahre alt[82]. Dies erklärt, warum erst 1151 das erste gemeinsame Kind, die Tochter Agnes, zur Welt kam. Der erste Sohn Heinrich Jasomirgotts, Heinrich, wurde erst 1158 geboren[83].Als 1156 das Privilegium minus geschlossen wurde, hatte Jasomirgott also lediglich zwei Töchter und die Babenberger waren trotz des Kinderreichtums Leopold III. im Mannesstamm vom Aussterben bedroht.

Im Privilegium minus heißt es nun „ *...Heinrico et prenobilissimeuxorisue Theodore in beneficiumconssesimuspepetuali lege sanctientes, utipsi et*

---

[79] Vgl. Freising 1912, II, 54, 160, 26f.

[80] Weibei bei dieser symbolischen Durchführung, wenn sein denn so verlief, wir Freising sie beschrieb, ein Fehler unterlaufen ist. Denn theoretisch hätte der Kaiser Heinrich dem Löwen nur 5 Fahnen geben dürfen und die verbleibenden an Jasomirgott zurück geben müssen, denn, wenn Heinrich der Löwe dem Babenberger zwei Fahnen überreicht, würde dies symbolisieren, dass Heinrich der Löwe das Herzogtum Österreich an Jasomirgott verlehnte. Dies konnte jedoch nur der Kaiser.

[81] Vgl. Lechner 1985, 480.

[82] Vgl. Zöllner 1978, 7.

[83] ebd..

librieorumposteosindifferenterfiliisivefilieeundemAustrieducatumhereditaroiure a regnote-neant et possideant[84]. Das Herzogtum Österreich wurde demnach an Heinrichs Gattin Theo-dora, ihre Kinder, ohne Unterschied zwischen Sohn und Tochter zu erblichen Recht überge-ben. Dies sicherte den Fortbestand der Dynastie und musste einen hohen Reiz ausgeübt ha-ben. Auch nicht ohne Bedeutung mag der Umstand sein, dass die Frau Jasomirgotts, Theodo-ra, mitbelehnt wurde. Dies war zu dieser Zeit ein Novum. Es war rechtlich auch höchst frag-würdig, zwei Personen gleichzeitig mit ein und demselben Lehen zu belehnen[85]. Dennoch wurde die Doppelbelehnung nachfolgend öfter eingesetzt.Die ging sogar so weit, dass Kaiser Heinrich VI. dies für alle Fürstentümer gewährleisten wollte, alsdieser die Erblichkeit der Krone[86] einführen wollte[87].

Die Doppelbelehnung als auch die Einführung des „*Weiberlehen*"[88] zielten zweifelsfrei auf den Fortbestand der Dynastie ab, inwiefern sie aber auszulegen seien, lässt sich nicht aus dem Text entnehmen. Somit ist unklar, ob sich die „lexperpeuta" auf Heinrich und Theodora, auf die beiden und lediglich deren Kinder oder auf alle nachfolgenden Babenberger bezieht. Im letzteren Fall bleibt weiter offen, ob dies nur für weibliche Nachkommen des regierenden Herzogs gilt oder für alle Nachfolgenden Generationszweige. Letztere Annahme wird dadurch gestützt, dass 1246nach dem Tod Friedrich des Streitbaren dessen Schwester Margarete als auch seine Nichte Gertrud auf Grundlage des Privilegium minus Erbansprüche erhoben[89]. Dass sich letztlich Margarete und ihr Ehemann Ottokar durchsetzten, obwohl Gertrud zu-nächst vom Papst unterstützt wurde[90], beweist, dass die offene Formulierung schon damals nicht vollständig eindeutig ausgelegt wurde, sondern so, wie es die Machtverhältnisse forder-ten. So schreibt Erich Zöllner:„ *Tatsächlich setzte sich [...] der politisch stärkste Bewerber, Přemysil Ottokar, mit einermöglichst weitreichenden Auslegung der zweifellos verschiedenen interpretierbaren Bestimmungen über die weiblich Erbfolge durch*"[91].

Ein weiteres Novum war die *libertasaffectandi*. So heißt es im Privilegium minus: „*si au-tempredictusduxAustriepatruusnoster et uxurabsequeliberisdecesserint, liberatemhabean-teundemducatumaffectandi, cuicumquevoluerunt*"[92]. Dem Herzog und seiner Frau wird also die Freiheit zugestanden, dass diese im Falle des kinderlosen Todes selbstständig die eigene

---

[84] Wortlaut des Privilegium minus 1976, 96.
[85] Vgl. Lechner 1985, 156f.
[86] Der Plan scheiterte schließlich, macht aber deutlich wie hoch das Interesse an Doppelbelehnungen war (vgl. Appelt 1976, 57)
[87] Vgl. Fichtenau 1958, 43.
[88] Appelt 1976, 56.
[89] Vgl. Zöllner 1978, 9.
[90] Vgl. ebd., 10.
[91] ebd..
[92] Wortlaut des Privilegium minus 1976, 96-98.

Nachfolge bestimmen dürften. Auch diese Bestimmung fällt völlig vom damaligen Lehens-rechtab, was immer wieder Anlass zurSpekulationen über eine Interpolierung des Privilegium minus herbeirief.heinrich Appelt hält dies für unwahrscheinlich und führt dagegen an, dass die Belehnung dadurch nicht entrechtet wird, da der Kaiser nachwievor die Belehnung durch geführt hätte, nun lediglich auf Vorschlag Heinrich Jasomirgotts und seiner Gemahlin[93]. Weiterhin führt er einen Vergleichsfall an. Im Georgenberger Vertrag designierten der traungauer Herzog 1186, als dessen kinderloses Ableben deutlich wurde, ebenfalls ihre eigene Nachfolge an die Babenberger.[94]

Letztlich enthielt das Privilegium minus noch einen „Gerichtsparagraphen":„ Statuimusquoque, utnulla magna velparvapersona in eiusdemducatusregimine sine ducisconsensuvelpermissionealiquamiustitampresumatexercere"[95]. Hier wird festgeschrieben, dass keiner, weder hohen noch niederen Standes, im Amtsbereich des Herzogtums ohne Zustimmung des Herzogs Gericht halten dürfte.

Diese Bestimmung gilt desgleichen als umstritten und wurde oftmals angezweifelt, da – soHeinrich Fichtenau–„ weder vor noch auch nach dem Jahre 1156 der Babenberger wirklich die volle Gerichtshoheit in ganz Österreich besaß"[96]. Er stellt die Frage in den Raum, wie der Herzog über die Gerichtsbarkeit verfügen könne, wenn sich die Gerichtbarkeit der Grafen und Hochstifter nicht vom Herzog ableiteten[97].

Dem lässt sich entgegnen, dass die Macht des österreichischen Markgrafen schon vor der Erhöhung zum Herzog gegenüber den Grafschaften und Hochstiften höher war, als die Macht eines Fürsten oder Herzogs im eigenen Land; dies rührt daher, dass die Markgrafschaften durch ihre Grenzlage stets durch König oder Kaiser rechtlich begünstigt wurden, um besser ihre militärische Macht zur Verteidigung des Reiches konzentrieren zu können. Die Besonderheit der Markverfassungen lag nun darin, dass der Markgraf nicht nur Grafschaften vereinte, sondern, dass er selbst in diesen die Amtsgewalt ausübte[98]. Einem Herzog steht dieses Recht nicht zu und er muss die Grafschaften und Hochstifte weiterverleihen. Ergo hätte für Heinrich Jasomirgott eine Erhebung zum Herzog einen Machtverlust im eigenen Lande bedeutet. Der Gerichtbarkeitsparagraph, auch wenn seine Anwendung auf das Herzogtum unbelegt ist, war also keine Rechtserweiterung, sondern ein Rechtserhalt. Dies lässt sich auch

[93] Vgl. Appelt 1976, 57f.
[94] Vgl. ebd.
[95] Wortlaut des Privilegium minus 1976, 98.
[96] Vgl. Fichtenau 1958, 46
[97] Vgl. ebd..
[98] Vgl. Appelt 1976, 63.

durch die Wortwahl im vorliegenden Passus stützen. Hier heißt es „*statuimus*"[99], was zum einen „wir beschließen" heißen kann, aber auch „wir nehmen an" oder „wir akzeptieren". Diesbezüglich kann wiederum doch von einer Erweiterung der Macht eines Herzogs sprechen. Appelt schlussfolgert daher ganz richtig, wenn er schreibt,die „*tatsächliche Machtstellung Heinrich Jasomirgotts in Österreichwar eine stärkere als jene Heinrichs des Löwen im Altbayrischen Land*"[100].

Anschließend befreit das Privilegium minus den babenbergischen Herrscher teilweise von seinen Vasallenpflichten: „*Dux veroAustrie de ducatusuoaliudservicum non debeatimperio,nisiqoud ad curias, quas imperatorprefixerit in Bawaria, evocatusveniat*"[101]. Zum einen musste also der Herzog von Österreich nur noch zu Hoftagen erscheinen, die tatsächlich in Bayern stattfanden[102]. Andersets wurde er von der Heerfolge befreit, insofern diese nicht gegen österreichisch benachbarte Territorien vom Kaiser angeordnet wurde: „*Nullamquoqueexpeditcionemdebeat, nisiquam forte imeratror i regnavelprovinciasAustrievicinasordiaverit*"[103].

Keine Erwähnung bzw. Veränderung beinhaltet das Privilegium minus bezüglich territorialer Festlegungen[104]. Offenbar schienen die Abgrenzungen entweder allgemein bekannt oder man versuchte durch Auslassung solcher Bestimmungen Konflikte zu vermeiden, um eine Einigung im Streitfall um Bayern herbeizuführen.

Der Kaiser gewährte den Babenbergern mit den Bestimmungen des Privilegium minus eine vergleichsweise unabhängige Position. Mit diesen Bestimmungen, war nicht nur aus einer Markgrafschaft ein Herzogtum geworden, sondern es vollzog sich gleichzeitig die landesrechtliche Trennung Österreichs von Bayern[105].

---

[99] Wortlaut des Privilegium minus 1976, 98.
[100] Vgl. Appelt 1976, 63.
[101] Wortlaut des Privilegium minus 1976, 98.
[102] Bedeutend wurde dieses Recht 1236 in der Auseinandersetzung zwischen Kaiser Friedrich II. und dem Babenberger Friedrich den Streitbaren, wobei ersterer dem Babenberger vorwarf, trotz Vorladung fern geblieben zu sein. (vgl. Pohl/Vacha1995, 154)
[103] Wortlaut des Privilegium minus 1976, 98.
[104] Vgl. Appelt 1976, 45.
[105] Vgl. Zöllner 1976, 17.

Schlussbetrachtung

Insgesamt konnte durch das Privilegium minus der Konflikt um Bayern und damit auch das Konfliktpotential im Reich gelöst werden. Dabei konnten alle Parteien mit dem Ergebnis zufrieden sein. Friedrich Barbarossa hatte die in ihn gesetzte Hoffnung erfüllt und die Streitparteien befriedet. Heinrich der Löwe erhielt das Herzogtum Bayern, das seinem Vater aberkannt wurde. Heinrich Jasomirgott verlor zwar das Herzogtum Bayern, konnte aber seine Ehre als Fürst wahren. Machtstellung in Österreich sichern und ausbauen. Dabei verstand er es den Zeitpunkt intelligent für sich zu nutzen. Der junge Kaiser stand gewissermaßen unter Handlungsdruck, Frieden zu schaffen, sodass er seine Interessen in Italien weiterverfolgen konnte. Heinrich Jasomirgott konnte so seine Forderungen leichter durchsetzen. Diese waren vom Motiv der Erhaltung der Dynastie durchdrungen. Die Bestimmungen führten letztlich zu einer größeren Unabhängigkeit der Babenberger vom Kaiser und ferner natürlich auch Österreichs von Bayern und Reich. Schließlich wird sich Heinrich Jasomirgott nach den oben aufgezeigten Problemen mit dem Herzogtum Bayern wohl kaum mit großer Mühe von Bayern losgesagt haben.

Zusammenfassend lässt sich also feststellen, dass der Babenberger– nicht wie einführend angenommen – einen Verlust erleidet, sondern vielmehr einen Gewinn, der Gewinn um Ansehen, eine Doppelbelehnung, ein weibliches Erbfolgerecht, das libertasaffectandi, die eigene Gerichtsbarkeit und um eine Lockerung der Vasallenrechte.

Letztlich folgte diese Verselbstständigung einem gewissen Trend der Zeit. Die Grafen sahen sich nicht mehr als Reichsbeamte des Kaisers, sondern zunehmend als eigenständige Herrscher, die nach einer gewissen Unabhängigkeit ihrer Territoriumstrebten. Dieses Streben nach Selbstständigkeit kann als Übermotiv für Heinrich Jasomirgotts Handeln eingeordnet werden. Gleichsam ist das Privilegium minus ein charakteristischer Beleg für die beschriebene Entwicklung und stellt auf sehr direktem Wege die Stellung der Reichsfürsten dar.

Mit dem Privilegium minus nimmt der Aufstieg der Babenberger also kein Ende oder erleidet einen Bruch – im Gegenteil – sie setzen den hier aufgezeichneten Weg fort. Weiter zu untersuchen - hier aber nicht betrachtet - wäre die Frage, warum die Dynastie dennoch unter ging und – hier nur angeschnitten – welchen Einfluss dabei die Bestimmungen des Privilegium minus hatte.

Literatur

Appelt, Heirich (1976): Das Privilegium minus. Das staufische Kaisertum und die Babenberger in Österreich, Wien

Eheim, Fritz (1955): Zur Geschichte der Beinamen der Babenberger, in: Unserer Heimat. Montasblatt, 26, Wien, S. 153 - 160

Fichtenau, Heinrich (1958): Von der Mark zum Herzogtum. Grundlagen und Sinn des Privilegium Minus für Österreich, Oldenburg

Fichtenau, Heinrich (1965): Zur Überlieferung des „privilegium minus" für Österreich, In: MIÖG 73, S. 1-16
genealogischer Sicht, In: MIÖG 86, S. 1-26

Haverkamp, Alfred (1993): Aufbruch und Gestaltung. Deutschland 1056 – 1273, München

Heinrich Tischner (2010): Personennamen Jasomirgott, in: http://www.heinrich-tischner.de/22-sp/8namen/3pers/personen/jasomigo.htm (04.09.2010)

Lechner, Karl (1985): Markgrafen und Herzöge von Österreich 976 – 1246, Darmstadt

MonumentaGermaniaeHistorica (MGH, 1981), Hannover

Pohl, Walter; Vacha, Brigitte (Hg.)(1995): Die Welt der Babenberger. Schleier, Kreuz und Schwert, Graz

Struve, Tilman (1999):Investiturstreit, in Lexikon des Mittelalters, Stuttgart vol. 5, cols 479-482

Ziegler, Wolfram (2008): König Konrad III. 1138-1152, Wien; Köln; Weimar

Zöllner, Erich (1976): Die Dynastie der Babenberger, In Dr. Johannes Gründler (Hg.),1000 Jahre Babenberger in Österreich. Niederösterreichische Jubiläumsausstellung im Stift Lilienfeld Mai bis Oktober 1976, S. 9-25

Zöllner, Erich (1978): Das Privilegium minus und seine Nachfolgebestimmungen in genealogischer Sicht, In: MIÖG 86, S. 1-26

Quellen

Aventinus, Johannes (1882): Analesducumboiariae, ed. Riezler, Bd III, München

BUB IV/1 (1968): Urkundenbuch zur Geschichte der Babenberger in Österreicht, ed. Dienst; Fichtenau, Band IV/1 Ergänzende Quellen, Oldenburg

von Freising, Otto (1912a): Ottonisepiscopifrisingensischronicasivehistoria de duabuscivitatibus, ed. Hofmeister, Hannover

von Freising, Otto (1912b): Ottonis et RahewinigestaFriderici I. Imperatoris. ed. Waitz, Hannover

Wortlaut des Privilegium minus, In Appelt, Heirich (1976): Das Privilegium minus. Das staufische Kaisertum und die Babenberger in Österreich, Wien